历·史·与·社·会

全球金融危机

[美] 多雷扎雷克 著　金 琦 译

青少年图书馆

历·史·与·社·会

全球金融危机

Quanqiu Jinrong Weiji

[美] 多雷扎雷克 著 金 琦 译

北方联合出版传媒（集团）股份有限公司

辽宁少年儿童出版社

沈阳

©金　琦　2015

图书在版编目（CIP）数据

全球金融危机 /（美）多雷扎雷克著；金琦译. —
沈阳：辽宁少年儿童出版社，2015.8
（青少年图书馆. 历史与社会）
书名原文：THE GLOBAL FINANCIAL CRISIS
ISBN 978-7-5315-6508-6

Ⅰ．①全… Ⅱ．①多… ②金… Ⅲ．①金融危
机—世界—青少年读物　Ⅳ．①F831.59-49

中国版本图书馆CIP数据核字（2015）第075304号

丛书策划：许科甲　薄文才
翻译统筹：博文嘉译　黄丽威

出版发行：北方联合出版传媒（集团）股份有限公司
　　　　　辽宁少年儿童出版社
出 版 人：许科甲
地　　址：沈阳市和平区十一纬路25号
邮　　编：110003
发行（销售）部电话：024 – 23284265
总编室电话：024 – 23284269
E–mail:lnse@mail.lnpgc.com.cn
http://www.lnse.com
承 印 厂：三河市兴国印务有限公司

责任编辑：徐姝彦
责任校对：贺婷莉　高　辉
封面设计：荣　鑫
版式设计：方舟文化
责任印制：吕国刚

幅面尺寸：160mm×235mm
印　　张：6.25　　　字数：86千字
出版时间：2015年8月第1版
印刷时间：2016年12月第2次印刷
标准书号：ISBN 987-7-5315-6508-6
定　　价：22.80元

目 录

第 1 章

2008 年 9 月中旬的时候，雷曼兄弟投资公司濒临破产边缘。

破产与否

2008 年 9 月 14 日，一场金融危机席卷美国和全世界，美国财政部长亨利·保尔森（Henry Paulson）吸引了众人的目光。无论是否在金融领域，几乎人人都在观望这位财政部长，能否从破产危机中挽救华尔街最受尊敬的老牌投资公司——雷曼兄弟（Lehman Brothers）。

恰好在一年之前，英格兰银行（Bank of England）为大型抵押贷款银行诺森罗克（Northern Rock）银行提供应急资金。雷曼兄弟在美国内外的客户、投资者以及竞争对手都在观望美国政府是否会采取同样的措施。

近几周以来，雷曼兄弟濒临破产的迹象越来越明显。公司宣称已经损失超过65亿美元，并且今年仍未停止亏损。一些大客户已经将业务转交其他公司，8月末公司裁员1 500人。截至9月10日，其股价跌幅超过90%。雷曼兄弟正在试图出售部分股份筹措资金，并努力使投资者和客户相信自己不会破产。

包括巴克莱（Barclays）银行和美国银行（Bank of America）在内的一些公司正考虑是否竞标雷曼兄弟。但是同样的，这些公司也在去年3月份目睹了联邦政府从破产中拯救贝尔斯登（Bear Stearns）投资公司。作为监管全美银行的美联储（Federal Reserve）的一部分，纽约联邦储备银行（New York Federal Reserve）同意出资300亿美元承担拖垮贝尔斯登的不当的投资组合。随后在保尔森和其他联邦官员的帮助下，贝尔斯登于 2008 年 3 月 16 日，以每股两美元的价格卖给了摩根大通（JPMorgan Chase）。这些公司希望，如果它们要买下雷曼兄弟的话，政府能像帮助摩根大通一样帮助他们。

▶全球金融危机

成千上万人在这场全球金融危机中失去工作、流离失所。美国及全球其他国家均遭受重创。

全球金融危机有时也被称为经济大衰退，它实际上是一场合二为一的危机，即由金融危机和银行危机演变而成的全球性经济危机。

这场金融危机最早始于 2006 年，盛于 2008 年和 2009 年，很多普通市民逐渐发现了银行和其他借贷资本日益增长的财务问题所带来的影响。美国公司的财政情况开始恶化，它们的销售额随着商品和服务需求的减缓而相应下降，公司也因此开始裁员。

丢了工作，职员们就失去了收入来源，购物相应减少，进一步减少了对商品和服务的需求。许多失业人员无法抵押偿还贷款，那些有浮动利率贷款的人突然之间发现自己需要偿还的金额增加了一倍，有时甚至超过一倍。

有些人可以低价出售房子偿还贷款，但是其他人即使卖掉房子也无法还清抵押。这些出售的房子将会面临抵押品赎回权的丧失，房子的所有权抵押将会转移给借贷银行，房主用于还贷的钱将会全部付诸流水。随着丧失抵押品

◎政府和金融界互相叫板◎

金融界希望美国政府能够帮助雷曼兄弟摆脱困境，因为政府此前曾经这样帮助过贝尔斯登。多数人认为雷曼兄弟的破产将给经济造成巨大的损失，政府必须拯救它。

9月12日，在美国财政部长亨利·保尔森、纽约联邦储备银行主席蒂莫西·盖特纳（Timothy Geithner）以及来自七家投资公司和银行的高管的一次会晤上，盖特纳呼吁投资公司和银行团结起来共同找出解决方案。他和美国财政部长亨利·保尔森称政府并不会对雷曼兄弟施以援手。

一旦雷曼兄弟破产，投资公司和银行注定蒙受损失，届时它们就不得不挺身而出。于是全球十大银行同意集资700亿美元清偿基金来转移雷曼兄弟预期的失败。

雷曼兄弟的高管仍坚信政府最终会阻止他们的破产，他们对此拭目以待。埃里克·戴什（Eric Dash）在《纽约时报》上描述道："一位经济观察员将此次政府与几大银行首脑会晤概括为'老鹰捉小鸡'。"

赎回权房子数量的增加，房价会进一步下降。

▶ 证券和投资者

以上这些原本可以只是一场普通的经济衰退，类似美国以往遭遇并恢复的那些经历。但是这次有所不同，全球投资者都将资本投注于建立在抵押基础上的证券。证券是在一定时期以固定利率借给企业或政府单位的贷款。贷方通过证券利息收益，银行向投资者借取大量资本再放贷给向银行借款的人。当房价下降、丧失抵押品赎回权的人增加时，建立在抵押基础上的证券，其价值也就一落千丈。

投资公司、银行以及其他公司本应知道房价会最终停止攀升，甚至还会下降，但是它们抱着房价会不断上涨的想法，继

◎ 何为经济衰退？ ◎

经济衰退是指实际国内生产总值（GDP）连续两个季度为负值的一段时期。GDP 就是指一个国家在一定时期（一个季度或一年）内所创造的商品和劳务的最终价值。但是除了 GDP，经济学家还会考虑包括就业率、批发零售额以及个人收入在内的其他数据来判断经济是否处于衰退时期。如果所有这些数据在几个月内同时下降，那么该国就很有可能处于经济衰退时期。

有钱可花的人越来越少，多数公司只得停业。

续借债和投资。经营多年的投资银行歇业，股市跌得人仰马翻，与这些公司有投资业务往来的个人和组织损失惨重。

▶ 信贷停止

楼市一垮就产生了信贷危机。如此之多的银行苦于不良投资，可以用于借贷的资金骤然减缩，造成美国经济几乎停滞。

银行借款给个人、企业以及其他银行。通常，借贷利息是银行的收入来源之一。抵押贷款一再拖欠，银行的损失就会越来越多。如此一来，银行可以贷款的资本就会大幅缩减。

由于并非所有银行都将自己的损失公之于众，银行之间也失去了相互的信任。即使是有借贷资本的银行也拒绝借出，致使银行、企业和普通民众突然无法筹措到资金进行大宗购买。企业需要资本用于新技术的投资、新产品的研发，以及筹集足够的资金支付员工薪水。一旦借贷失败，企业就无法发展——有时甚至连正常经营都无法维系。因此，随着信贷的冻结，企业走向破产，越来越多的人失业，经济衰退开始波及全球。

经济大衰退在爆发前已然存续了相当长一段时间。2007 年初，这场金融危机初露端倪。到了 2008 年 9 月，雷曼兄弟成了这一系列连锁反应的第一块多米诺骨牌，不过大多数人还被蒙在鼓里。

花钱的人越来越少，很多商店停业。

第2章

Visit WSJ.com to See Our New Look and Features

THE WALL STREET JOURNAL.

TUESDAY, SEPTEMBER 10, 2008 · VOL. CCLII NO. 65 ★★★★ $2.00

AIG, Lehman Shock Hits World Markets

Focus Moves to Fate of Giant Insurer After U.S. Allows Investment Bank to Fail; Barclays in Talks to Buy Core Lehman Unit

AIG Faces Cash Crisis As Stock Dives 61%

Traders around the world react to sharp selloffs after one of the most turbulent days in Wall Street's history.

Old-School Banks Emerge Atop New World of Finance

What's News—

Business & Finance

World-Wide

2008年9月16日，《华尔街日报》对不断蔓延的金融危机进行了报道。

"多米诺骨牌"效应

　　2008年9月，雷曼兄弟迎来了命运的宣判。联邦政府冷眼旁观，也没有一家买方挺身上前来接管他们的资产或债务。9月15日星期一，雷曼兄弟根据《破产法》第11章申请破产保护。9月17日，破产判决允许英资银行巴克莱收购雷曼兄弟。至此，雷曼兄弟的瓦解成为美国历史上最大的破产案，但是这场金融危机并没有就此终结。

雷曼兄弟瓦解时，美国金融体系的不济已经表现得非常明显。9月14日星期日这天，正当雷曼兄弟准备破产申请时，美林证券（Merrill Lynch）宣布将自己转让给美国银行。作为雷曼兄弟竞争对手的美林证券成立于1914年，与贝尔斯登和雷曼兄弟一样从事抵押证券投资。多年来，美林证券靠此项投资收获颇丰，但是到了2008年夏季，这些投资的价值出现下跌现象。和其他公司一样，美林证券开始发现出手这些投资很难，而且银行也没有先前贷款时那样主动。恰恰也是同样的压力导致雷曼兄弟的破产，因此业内大多认为美林证券将会是下一个牺牲品。

相反，以500亿美元出售的美林证券成了美国银行的一部分。但是从3月起，惴惴不安的躁动即将爆发。

▶灾难暂时转移

早在2008年3月，贝尔斯登在申请破产之前已经找到了一位买家，但是由于它所带来的损失，金融市场受到了严重影响。贝尔斯登售出后，许多公司所持有的同类抵押证券和其他投资备受关注。它们的投资价值遭到质疑，投资公司、银行以及其他公司的股票不断下跌，个别急转直下。因此问题再次出现，这些公司是否有能力拿到信贷去偿还他们先前拿到的贷款。

2008年7月11日，洛杉矶地区最大的信用合作社印地麦克银行（Indy Mac）破产。随着各大银行以及其他上市公司二季度业绩报告出炉时间的临近，由于取消抵押品赎回权继续上升，投资者越来越担心，还有多少银行会因为抵押品赎回权丧失的持续攀升而告败。

他们也担心"信用违约互换产品"（Credit Default Swap，简称为"CDS"）会怎样。

信用违约互换是一种基本的证券保险。买方向卖方定期支付一定数量的"保险费"，发生信贷违约时由卖方承担损失。一旦贷款变成坏账，信用违约互换允许银行在没有储备金支持的情况下发放贷款。有些银行购买信用违约互换产品来保护自己，以防贷款变成坏账。而其他银行和风险投资商则为不相关的贷款购买信用违约互换产品，实际上，他们预计并希望那些贷款会变成坏账，借此兑现年利。

这些信用违约互换产品的价值高达上万亿美元。大量持有信用违约互换的公司为美国国际集团（American International Group，简称为"AIG"），由于国内抵押贷款人违约，美国国际集团无力快速偿还贷款，导致了一系列的连锁反应，越来越多的贷款变成坏账。结果，美国国际集团成为继雷曼兄弟之后倒下的第二块多米诺骨牌。

▶美国国际集团

2008 年，美国国际集团是世界上最大的保险公司。但就是同年一季度，该公司损失了 78 亿美元；二季度再度损失 53.6 亿美元。雷曼兄弟破产和美林证券售出，美国国际集团显然将成为下一个受害者，要么破产，要么摆脱困境。在其宣布三季度又一轮亏损接近 250 亿美元之前，9 月 16 日，联邦政府同意将其信用贷款的最高限额放宽至 850 亿美元。但是，近乎毁灭的

◎**金融界季度的界定**◎

金融界一年分为四个季度。1 月 1 日到 3 月 31 日为第一季度，4 月 1 日到 6 月 30 日为第二季度，7 月 1 日到 9 月 30 日为第三季度，10 月 1 日到 12 月 31 日为第四季度——也就是最后一个季度。

灾难偷袭了市场，反映股市整体状况的道琼斯工业平均指数（Dow Jones Industrial Average）在一天之内下跌了500多个点。

▶ "不良资产救助计划"和"资本收购计划"

2008年9月17日，本·伯南克（Ben Bernanke）和亨利·保尔森与国会领导人会面，意欲使他们相信经济安全取决于国家对金融领域的紧急增援。更重要的是，他们希望国会能够批准7 000亿美元的紧急金融救援，用于购买各大银行的不良抵押贷款，使银行系统和国家经济不至于同时崩塌，拥有各种不良抵押贷款的银行须得到紧急金融救援才能免于破产。最终，国会在12月3日通过了《紧急经济稳定法案》（Emergency Economic Stabilization Act）。该法案通过创建"不良资产救助计划"（Troubled Asset Relief Program，简称为 "TARP"）来解决问题，并鼓励银行重新开始借贷。

"不良资产救助计划"是一项7 000亿美元的回购计划，它主要向银行提供资金，但也有一部分提供给汽车制造商和保险公司。政府将会购买所谓的不良资产，包括丧失价值的抵押贷款和抵押证券。多数公司承诺只要自己周转过来就会把钱还回来。但是，并不是所有人都认同"不良资产救助计划"。很多人认为，政府为银行的不良投资买单，只会滋生以后更多的不理性投资。如果银行和投资公司可以依赖联邦政府，那么它们以后就会肆无忌惮地进行投资而不用顾虑后果。

亨利·保尔森还以"不良资产救助计划"的名义创建了"资本收购计划"（Capital Purchase Program，简称为"CPP"），它是鼓励银行继续借贷的另一种方式。根据资本收购计划，联邦政府给银行提供资本，银行直接用股票交换，贷款还清之前政府将一直持有银行股份。

◎实施"资本收购计划"的原因◎

国会通过《紧急经济稳定法案》时并没有想到"资本收购计划"。政府为什么会启动资本收购计划呢？

承担不良投资所有损失的银行无法重新开始借贷。如果政府承担这些损失，银行就可以继续放贷。但问题是，如果不知道抵押贷款或抵押证券的价值，政府就不会购买。虽然并非所有的抵押都会失败，但是现如今败笔居多，敏感的投资者都不会购买抵押证券。如何为别人都不愿意买的东西估价？这是启动资本收购计划的主要原因。

但是，当宣布"资本收购计划"时，多数人反对，特别是国会中认为政府不应当拥有银行股份的那些人。但是现金分配完之后，银行并没有将得到的资金用于借贷。亨利·保尔森因此颇受非议，因为政府对银行的紧急金融援助造成了财政问题。

　　2008 年 11 月 14 日是银行参与 2 500 亿资本收购计划的第一轮截止日期，共有 9 家金融机构决定加入该计划，它们分别是花旗集团（Citigroup）、摩根大通（JPMorgan Chase）、美国银行（Bank of America）、美林证券（Merrill Lynch）、富国银行（Wells Fargo）、摩根史坦利（Morgan Stanley）、纽约梅隆银行（Bank of New York Mellon）、道富银行（State Street）和高盛投资公司（Goldman Sachs）。它们各自得到数十亿美元的援助，共计 1 250 亿美元；还有另外 21 家小银行获得了总计 336 亿美元的援助。在这笔紧急资金的帮助下，银行得以稳定，市场得以平复。不幸的是，伴随着危机在全球蔓延，这一举措还远远不够。

美国国际集团得到8 500万美元资助的消息让很多人震怒，他们认为这笔资金应当用于苦苦挣扎的广大市民。

第3章

美国 1929—1933 年大萧条期间，新泽西州的失业人员聚集在纽瓦克市政厅申请工作。

美国经济衰退的轨迹

　　美国经济是如何沦落至此，以至于它要动用数千亿甚至数万亿资金来解决？事情本不应该如此，但是几十年来的一系列选择却导致了这些意想不到的后果。

　　美国经济"大衰退"（The Great Recession）常被拿来

与 20 世纪 30 年代令世界经济瘫痪的"大萧条"(The Great Depression) 相比。但事实上,"大萧条"要比"大衰退"严重很多。"大萧条"从 1929 年开始,一直持续到 1941 年 12 月美国参加第二次世界大战（World War II 1939—1945）。"大萧条"时期的失业人数远比"大衰退"时期多,而且有更多人因为丧失抵押品赎回权而变得无家可归。

▶ 银行管制

"大萧条"之后,国会通过了各项法案以确保类似事情不再发生,1933 年的《格拉斯－斯蒂格尔法案》就是其中之一。该法案规定了银行的两种形式:商业银行和投资银行。商业银行可以接受储蓄存款,这些存款由政府担保,即使银行破产客户也可以取回他们的存款。银行需要为政府提供的这种担保保护支付一定的保额,这样可以避免困境中的银行出现 20 世纪 30 年代时发生的存款人"挤兑"的情况,太多客户要求取回存款就会导致银行破产。另一方面对于接受投资存款的投资银行来说,它们所承担的风险要比商业银行高。投资银行与商业银行最主要的区别就是前者不接受储蓄存款。

最后，《格拉斯－斯蒂格尔法案》（Glass-Steagall Act）创建了美国联邦存款保险公司（Federal Deposit Insurance Corporation，简称为"FDIC"）为储蓄存款担保。最初的时候，美国联邦存款保险公司最高只能担保 5 000 美元，但是到 1980 年，其存款担保额可高达 10 万美元。"大衰退"开始时，美国联邦存款保险公司担保下的银行，所有储蓄账户都能获得至少 25 万美元的保证金。

投资银行不能像商业银行一样从美联储借款。由于客户大多将自己能够承担损失的部分资金——他们在生活开支以外用来生钱的资金——放入投资银行，因此国会推断投资银行不会经历商业银行在"大萧条"时期的挤兑情况。因而投资银行没有美国联邦存款保险公司的担保，但

◎什么是银行挤兑？◎

银行接受客户存款，并通过支付利息来吸引存款，然后再以比储蓄利息更高的贷款利息将这些存款借贷出去。

尽管客户存款并不全在银行内，但是任何客户都有权随时取回存款。银行体系之所以能够运作是因为大部分客户都不想取回存款，而是期望他们的存款有一个安全的着落并且获得银行利息。

但是，如果一时间很多客户都想取出存款，银行就没有充足的资金兑现了。如果其他客户听说某家银行有可能破产，即使不是真实的消息，他们也会要求取回存款。"大萧条"一开始就不断发生这种银行挤兑事件，一旦持有客户存款的银行破产后，他们就无法取回存款。

创建于 1938 年的联邦存款保险公司通过给所有客户存款投保来解决这一问题，如此一来，即使银行破产，客户也可以取回他们的存款。

是它们的活动由"美国证券交易委员会"（Securities and Exchange Commission，简称为"SEC"）进行管制。

▶改变规则

1999 年，《金融服务现代化法案》（Gramm-Leach-Bliley Act）取代了《格拉斯－斯蒂格尔法案》，它改变了商业银行和投资银行的规则。该项新法案规定，同一银行企业可以同时拥有商业银行和投资银行两种业务，这也就意味着投资银行可以动用储蓄存款，让商业银行也承担投资风险。

该法案之所以通过，部分原因是评论家指出《格拉斯－斯蒂格尔法案》的旧规则阻碍了银行盈利和经济发展，他们称破除旧的规则对经济的发展至关重要。解除对银行的管制已经在 20 世纪 80 年代成为一种趋势，新法案的出台是对这一趋势的更广泛推动。

▶进一步解除银行管制

近些年来银行管制的其他改变滋生了更多导致危机的

吉姆·里奇（Jim Leach）、菲尔·格拉姆（Phil Gramm）和托马斯·J.布利利（Thomas J.Bliley Jr）

因素。1980 年，《存款机构解除管制与货币控制法案》（Depository Institutions Deregulation and Monetary Control Act, 简称为"DIDMCA"）取消了对于银行放贷活动的限制，该法案允许银行资本争取进入不受管制的实体所经营的公共基金领域，并收取更高的贷款利息。它也将美国联邦存款保险公司的存款担保额从 4 万美元提升到 10 万美元。

1982 年通过的《高恩－圣杰曼储蓄机构法》（Garn-St. Germain Depository Institutions Act）导致了 20 世纪 80 年代末到 90 年代初的存贷危机，但是该法案新规定的"可调整利率抵押贷款"（adjustable-rate mortgage）在房产市场垮塌时会产生巨大的影响。

2000 年，联邦政府选择允许金融行业自行管制金融衍生品，这种投资产品的价值取决于其他投资的价值。尽管像沃伦·巴菲特（Warren Buffet）这样的投资家表示金融衍生品需要进行规范，但是美联储前主席艾伦·格林斯潘却持反对意见。金融衍生品，例如信用违约互换产品，会使金融危机在开始之后进一步扩大。

最后，对投资银行进行管制的美国证券交易委员会于 2004 年改变了一项规定。原净资本规定要求，投资银行需使用一种特定的方法对照他们的负债情况来计算流动资产数额。2004 年起，美国证券交易委员会允许部分投资银行使用不同的方法进行计算，投资银行因此可以借到更多的贷款，但为它们带来更高的"杠杆率"或称"资产负债率"。举例说明，改变后贝尔斯登的杠杆率是 33：1，即意味着其每一美元的

◎《金融服务现代化法案》导致了这场危机？◎

"大衰退"开始时，很多人认为《金融服务现代化法案》是始作俑者。

他们认为，由于这一法案解除了对银行挪用客户存款进行投机投资的约束才酿成了灾难。

但其他人称，金融危机所在的领域并非《金融服务现代化法案》或《格拉斯－斯蒂格尔法案》管辖的投资银行之类的范畴。"这场危机，在很大程度上，并不涉及管制解除所带来的新风险问题。"保罗·克鲁格曼（Paul Krugman）在《"大萧条"回归与 2008 年金融危机》一书中写道，"相反，这场危机却与那些一开始就从未被管制的金融机构有关。"

贝尔斯登的股权就对应 33 美元的债务。

▶ 房屋所有权

截至 1938 年，美国 1929—1933 年"大萧条"仍在继续。联邦政府意欲刺激美国房产市场，因此国会建立了"联邦国民抵押贷款协会"（Federal National Mortgage Association，简称为"FNMA"），即人们通常所知的"房利美"（Fannie Mae）。"房利美"创立的目的是从银行或贷款人手中购入抵押，让银行可以继续放贷。由此一来为抵押贷款增加了资本，也为购置住宅的人们创造了更多机会。

1970 年，为了和"房利美"抗衡，美国国会创建了"联邦住宅抵押贷款协会"（Federal Home Loan Mortgage Corporation，简称为"FHLMC"），即著名的"房地美"（Freddie Mac）。这两大机构皆为"政

◎金融杠杆◎

"金融杠杆"是金融界常见的概念。当企业想要通过借钱盈利时，它们就会使用"金融杠杆"。当消费者承担抵押贷款或使用信用卡购物时，也使用某种形式的"金融杠杆"。助学贷款就是一种基于对未来收入预期的常见的金融贷款。

府赞助企业"（Government-Supported Enterprises，简称为"GSE"），是与联邦政府有着特殊关系的私营企业。例如，它们无须缴纳联邦或州政府的税收，还可以得到美国财政部的资金支持。

但是"房利美"也好，"房地美"也罢，都不直接提供贷款，它们只购买贷款。比尔·克林顿（Bill Clinton）和乔治·W. 小布什（George W. Bush）担任美国总统期间，"房利美"和"房地美"购买了更多的贷款以鼓励更多低收入人群买房。它们还将这些抵押贷款转化为证券，创建了基于抵押的债券并将它们卖给投资人。有人将"次贷危机"（subprime crisis）归咎于"房利美"与"房地美"，因为是它们将抵押贷款证券化。

但是这两个大机构并不应该承受所有的指责。就在"房利美"与"房地美"购买抵押贷款时，抵押经纪人——提供抵押的公司也有问题。因为抵押经纪人、放贷者以及银行在知道抵押会成为证券的情况下提供了很多抵押贷款。放贷机构并不关心贷款的偿还情况，因为抵押债券将风险转嫁给了别人。为了急于从抵押证券中牟利，诸如美国住房抵押贷款投资公司（American Home Mortgage Investment Corporation）和美国国家金融服务公司（Countrywide Financial）这样的企业为信誉差的贷款人提供了大批高风险贷款。

"房利美"和"房地美"对经济的影响很恶劣，然而，"大衰退"的产生却有着多种根源。

"房利美"的使命是为美国人民创造稳定和有能力承担的房产市场

第4章

21 世纪初，物价上涨工资却下跌，许多人因此对基本所需品的价格也难以承受。

危机的舞台已然就绪

很多人将"大衰退"的开端归为贝尔斯登和雷曼兄弟的破产。但是这两家公司本身并没有导致危机，只是它们和许多其他公司的行为推动了危机的产生。

金融危机在开始时并不显著，相反很不起眼。好些事件的出现为金融危机搭建了舞台，而这些事件往往经历了数十年的酝酿。

▶收入变化

金融危机的首要因素就是收入差距。美国和所有的资本主义国家一样，存在一部分收入更多的人。虽然历来如此，但是收入差距与财富在全社会的分配有关。当大部分财富集中到少数人手中时，就会产生巨大的收入差距。正如美国"大萧条"开始前的 10 年，收入差距不断上升。1979 年至 2004 年间，仅有 1% 的人口收入增长了 176%，他们是 1% 最为富裕的人群；与此同时，20% 最为贫困人口的收入仅增长了 6%。

造成收入差距的原因之一便是工资停滞。由于商品和服务的价格在不断上涨，即通常所说的通货膨胀，人们的工资水平也需要相应地增长。但是在 2000 年至 2009 年期间，平均时薪和酬劳每年仅增长 0.7%，而同一时期，美国的物价却以每年约 2.5 个百分点的速度上涨。因此，低收入人群收入下降，他们的生活水平也相应地跟着下降。

▶ 工作的变化

时薪有少量增加，部分是因为私企不为员工加薪或加薪很少，但也因为一时间很多工作从美国消失。先前由美国人完成的工作现在正在转移到印度、墨西哥和其他国家，因为这些国家的劳动力成本更低。

1979 年至 2009 年间，或是因为产量，或是因为外包，800 万生产岗位从美国消失。由于流失的多是制造、软件或其他待遇良好的职业岗位，因而美国仅剩下低薪酬的工作。

同时，医疗保险费（人们每个月为健康保险所支付的金额）在不断上升。"恺撒家庭基金会"（Kaiser Family Foundation）的一项研究发现，仅 2006 年医疗保险费就上涨了 7.7 个百分点，而薪酬仅上升了 3.8 个百分点。2007 年，医疗保险费又上升了 6.1 个百分点，而工资仅增长了 3.7 个百分点。

▶ 借钱取代挣钱

除了以上所有因素以外，很多美国人在进行赊账购物，很少有人将钱大笔存入银行，更不用说有任何存款。当物价上涨而工资不涨时，美国人举债购物就会更严重，他们买房子首期能够付的款就更少。例如，在过去几十年间，

大公司和生产商想要继续维持经营,因此就进行了大规模裁员,这一举措导致了越来越严重的收入差距。

购房者通常会首付房款的 25%,余下的通过贷款解决。但是到了 2005 年,很多人只能首付 2%,很多甚至在没有任何首付的情况下能够拿到超过房子估价一倍的抵押贷款。

对房屋进行翻新时,美国人会取出房屋净值贷款用以支付。相比前几十年,他们更多地使用信用卡,并且很多人每月都不偿清账单，这就意味着他们每月都要比上月支付更多的利息。从 2003 年到 2007 年，个人债务总值达 2.6 万亿美元，增幅近 25%，这一数值仅包含贷款和信用卡债务，不包括抵押贷款或房屋净值贷款。

◎**一项信用卡统计数据**◎

截至 2010 年 11 月，美国循环债务总额达 7 965 亿美元，信用卡债务占总循环债务的 98%。此时，美国消费者手中共有 6.098 亿万张信用卡。

▶ 房产市场的崛起

房产市场的崛起抵消了长时间困扰美国经济的以上因素。从 20 世纪 90 年代起，美国房价年年上涨，一直持续到 2005 年。同时期，包括西班牙、英国和韩国等国家在内的世界其他地区的房价也开始攀升。

低利率是房价持续上涨的因素之一。当利率低时，抵押贷款以及所有其他类型的贷款都更具吸引力。这一时期很容易获得比高利率时更划算的抵押贷款，如果买房后的利率进一步下跌，房主还可以再次贷款。

利率一直走低，因为艾伦·格林斯潘本意如此。1987 年至 2006 年期间担任美联储主席的格林斯潘希望这一举措能够帮助阻止通货膨胀。当房价过高时，消费者会因此减少购买，进而延缓经济发展。在美国，通货膨胀率低的时候利率一般也会低，此时会从其他国家进口大量劳动成本低廉的产品，防止物价上涨。美国本土的生产率也会因为应用了更加尖端的生产工艺而有显著的提高，这样可以降低电视机、电脑这些热门的大众消费品的价格。当利率维持低水平时，银行和其他放贷机构会以低利率借入，再以高利率贷出。

如果它们将抵押贷款卖给投资公司，银行就会获得资本进行更多的贷款活动。美国房产市场非常有利可图，银行和其他金融公司相互竞争，为的是让更多消费者通过它们进行抵押贷款。它们向潜在客户

◎美国联邦储备系统◎

美国联邦储备系统（Federal Reserve）是美国的中央银行。1913年，美国国会根据《联邦储备法》（Federal Reserve Act）始建该机构，它包括波士顿、纽约、费城、克利夫兰、里士满、亚特兰大、芝加哥、圣路易斯、明尼阿波利斯、塔萨斯城、达拉斯和洛杉矶的12家地区银行。

美国联邦储备系统，也称为美联储，掌管美国的货币供给。它的目标还包括控制通货膨胀、监管银行系统的安全、稳固以保障客户，并且维持就业充分的GDP增长。美联储不负责货币的印制——该任务属于印制纸币的印钞局（Bureau of Engraving and Printing）和铸造硬币的铸币局（US Mint）的管辖范围。

掌管货币供给指的是，美联储决定全美货币的流通量，美联储也负责监督可用信贷额度。如果需要，银行可以从美联储借款，美联储对其收取的利率称为贴现率（Discount Rate）。最为重要的是，美国联邦基金利率（Federal Funds Rate）由美联储控制，该利率是各银行之间相互收取的基金结余的隔夜拆借利率（Overnight Loans），也是银行的主要资金来源之一。

提供更低的利率、更低的首付以及其他补贴。

截至 2004 年，美国共有超过 10 万亿美元的抵押债务。截至 2008 年底，这一数字已增加到 14 万亿美元。

▶人人兑现

由此可见，只要利率保持低水平，就适合贷款。只要房价持续上涨，贷款人就可以通过高利率的抵押贷款筹得资金，他们也可以变卖现有住宅去购买更大的房子。

通过大量资本的流通，放贷机构和投资公司可以从中牟取巨大的利益，它们也正是这么干的。银行和其他放贷机构发明出抵押证券，将证券化的抵押贷款卖给保险公司和养老基金这样的投资公司或者"房利美"和"房地美"创收。一经此法，放贷机构就可以发行更多的抵押证券，产生更多的收益。然后"房利美""房地美"和投资公司将这些抵押贷款证券变成债券卖给投资者。但是这一金融投机终有消停的时候，2005 年则是其终结的开始。

◎ **国债的境况又如何？** ◎

当联邦政府的开支超过税收所得时就会产生国债。政府每年都会产生一笔赤字，而这笔赤字会增加到未偿国债上。尽管国债对美国经济具有深远的影响，也是产生"大衰退"的原因之一，但它并不是一个根本原因。

艾伦·格林斯潘（Alan Greenspan）

第5章

HOME EQUITY LOAN STATEMENT

If you have any questions regarding this statement please call 1-000-234-5678

PAST DUE

SUMMARY

PRINCIPAL $87,981.00
Minimum Payment Due $2,149.50
Optional Items $0.00

PAST DUE AMOUNT $16,985.50
Unpaid Late Charges $1,743.98
Other Charges $25.00

$19,776.50

TOTAL PAYMENT

Property Address
1234 Main Street
Anywhere, USA 00000-1234

Unpaid Balance $87,981.00
(Contact customer Service for payoff)

Interest Rate 5.67%
Interest Paid YTD $1234.56
Taxes Paid YTD $1.00
Escrow Balance $123.45

偿还抵押贷款举步维艰造成许多房主信用不良，房屋被收回，最终丧失抵押品赎回权。

抵押贷款市场分崩离析

　　房价是所有在抵押贷款市场中捞金的公司的东风。但是到了 2005 年，这股东风开始示弱，并在 2006 年消失殆尽。"全美地产商协会"（National Association of Realtors）的一份报告显示，2005 年四季度房价下降 1 个百分点，2006

年一季度房价又下跌了 3.3 个百分点，连续两个月呈下降趋势。虽然跌幅不大，但是这些数字表明房产市场正在发生变化。

▶房价为何会下降？

2005 年初，美联储联邦基金利率仅为 2.5 个百分点，但是美联储连续对其进行 7 次调整，到年底时已经涨了 4.25 个百分点。艾伦·格林斯潘担心房产市场已经成为泡沫，希望阻止房价进一步攀高。但是随着抵押贷款利率的上升，由于一些贷款人当初选择的是可调整利率的抵押贷款，因此他们发现自己需要支付的金额猛涨。

一般的抵押贷款具有固定的利率，即贷款人在偿清贷款前均按照统一的利率进行还款。但是可调整利率抵押贷款的利率则是浮动的，利率在贷款的前几年往往较

◎何为"泡沫"？◎

投资领域总是会有新的主张、业务和物资可以进行投资。当一种新产品出现或一种新的业务主张开始改变市场时，投资者会在低价时进行投资。如此一来，价格走高时他们就可以将其抛售。有人开始在这一市场中赚钱时，其他人也会产生兴趣，价格上涨的原因正在于此。当价格过高，不能反映产品或市场的实际价值时，这种状况就称为"泡沫"。

低，但是这段时期之后就会恢复高利率。该利率取决于美联储的联邦基金利率或是短期国库券贴现率（Treasury Bill rate），它们增长，可调整利率抵押贷款的利率也会跟着水涨船高。

选用可调整利率抵押贷款的借款人发现他们的还款额翻了一番，甚至有的翻了两番，那些周转不灵的家庭已经根本无法按照新的还款额偿清贷款。他们要么重新贷款，要么将房产卖掉。许多人选择后者，被迫将房子卖掉，造成了大量房产在市场上出售。随着房价的稳定或

◎优级贷款和次级贷款◎

抵押贷款分为两种主要类型：优级贷款和次级贷款。优级贷款是为可以支付较大金额首付款的贷款人提供的贷款。例如，一笔10万美元的贷款，有些贷款人可以支付20%的首付，即2万美元，收入足够的他们可以每月按时还款。优级贷款有时也会出现拖欠现象，但远远不及次级贷款。

次级贷款是为首付款支付额较小的贷款人提供的贷款——如果贷款人有能力支付首付的话，次级贷款的贷款人的收入和信用级别通常要比优级贷款人低。有些投资者拒绝投资任何基于次级贷款的抵押证券，但仍有很多投资者乐于进行此类投资，而且好些年没有失手，这是因为很多次级贷款的贷款人尚有能力偿还他们的抵押贷款。

只要他们有工作并且房价不断上涨，即使是无力还款的人也能够以较低利率重新贷款或将房产售出。然而，一旦房价下跌，众多次级贷款借款人就会陷于困境，特别是当他们面临失业问题的时候。他们无法重新贷款或出售房产，抵押贷款只能一拖再拖。

下降，市面上出售的房产比买家都多。在牛市时购置房产、希望借此盈利的投机商将房产放入市场，进一步推动了房价下降。

首付很少或几乎没有的房主发现自己根本无力偿清贷款。他们不具有对房屋的产权，而与此同时房价还在下降。较之数十年前，更多人陷于这种困境之中。一些人尚未对房产投入很多，对于他们来说拖欠的贷款和放弃房产都不是痛苦的事情。截至 2007 年年初，丧失抵押品赎回权的比例创 50 年来新高。

▶恶性循环

房产市场供过于求，房价只能下降，情况就是如此。对于调整了还款额的很多不幸的房主，他们的房产未能及时卖出或者根本卖不出去。即使是在售房产，房主也得继续偿还贷款。一边出售房屋，一边却不能偿还贷款的房主最后会因为丧失抵押品赎回权而失去了自己的房屋。

2006 年全年延续着两种趋势——丧失抵押品赎回权比

金融危机中期，明尼苏达州的一位房主面临抵押品赎回权的丧失而呼吁人们的帮助。

例的上升和房价的下降，两者相互助长。抵押品赎回权丧失得越多，房价下降得越厉害。房价越是下降，房主就越难卖掉他们的住宅。同时，先前同样对经济造成影响的一些因素也在持续——工资停滞、存款少、负债高和失业率增加等。企业先后宣布裁员以保持盈利，而在裁员风波中失去工作的人就算能找到新工作，薪酬也不及从前。他们中的许多人开始滑向抵押品赎回权丧失的困境。

截至 2006 年底，全美共有 120 万起抵押品赎回权丧失的案例，相比 2005 年增长了 43%；到了 2007 年，抵押品赎回权丧失案例达 220 万起，同比增长了 75%；2008 年，抵押品赎回权丧失案例比 2007 年增长了 81%，达 310 万起。

▶从商业街到金融街

投资领域人士一直在观察房产市场的下降，他们对此表示担忧，这种担忧合乎情理。早些年他们从房产市场中赚到了巨额财富，而现今，就因为证券化的抵押贷款，他们将会一无所有——甚至损失更多。

◎**预言金融危机的到来**◎

金融危机发生的前几年，多数人认为抵押贷款欣欣向荣的时代永远不会结束，它还喂肥了投资者。但也有些人明白抵押贷款不得善终。2006 年 9 月 7 日，纽约大学的经济学教授诺里·鲁比尼（Nouriel Roubini）预见了抵押贷款的拖欠、房产市场的衰落以及抵押证券的崩溃，因此他被人们称为"毁灭博士"（Dr. Doom）。然而到了 2008 年时，他的预见被一一证实。

几十年来，"房利美"和"房地美"一直在将抵押贷款证券化。它们从放贷机构手中购入抵押贷款，然后将它们一并创建为债券，再将这些债券卖给投资者。债券的价值或担保来自它们最初的抵押贷款和市场整体的利率水平。只要房主在偿清贷款前持续还款，这些债券就有价值。但是如果过多的房主拖欠贷款，债券就会失去价值。21世纪初，投资公司也开始买入更多的抵押贷款并已使它们证券化。只要房价不断上涨，抵押贷款的证券化就万无一失——或者貌似如此。

▶银行亏损

至 2007 年，证券化的抵押贷款显然并非万无一失。不仅房价下跌，还有大批大批的房主拖欠还款。曾经貌似安全的投资

◎抵押贷款骗局◎

房产泡沫期间，抵押贷款经纪公司和放贷机构蜂拥对外放贷，因为它们知道这些抵押贷款随后就能出售给银行。但是许多借方并没为这些贷款准备正规的文件，它们还冒险为信用差或收入少的人提供贷款。而后，它们对潜在投资者隐瞒了这一事实，这就是抵押贷款骗局。例如，2009 年，美国证券交易委员会指控美国最大的抵押放贷机构之一的"美国国家金融服务公司"存在抵押贷款骗局。2010 年 10 月 15 日，"美国国家金融服务公司"总裁安吉洛·莫兹罗（Angelo Mozilo）愿意支付 7 300 万美元庭外和解。

现在看来是一种可怕的想法。

随着丧失抵押品赎回权比例的上升以及房价的下降，投资者已经对抵押证券不感兴趣。突然之间，银行积压了成千上万的抵押贷款等待出售，却找不到买家。贝尔斯登是第一家为此付出代价的投资公司，截至 2008 年 2 月，贝尔斯登损失惨重，这在业界已是显而易见的事实。客户提款退出，银行也不再给它贷款。难以承受的损失、无力偿还的贷款以及无法支付的账单，深陷其中的贝尔斯登最终倒下了。

▶摩根大通收购贝尔斯登

美国联邦政府为贝尔斯登的抵押证券所提供的 300 亿美元的担保是使其破产的原因。全世界在抵押证券上投入重金的公司、投资者和个人都在遭遇同样的情况。

我没有意识到他们会不清楚自己的所作所为。

——安吉洛·莫兹罗，贷款巨头美国国家金融服务公司的前任执行总裁，评价华尔街上的公司时，他表示抵押证券需要更多的贷款。

银行的问题现在演变成全球的问题，汇丰银行和花旗银行双双被迫购回已经卖给养老基金与保险公司证券化的抵押贷款，总额超过 500 亿美元。

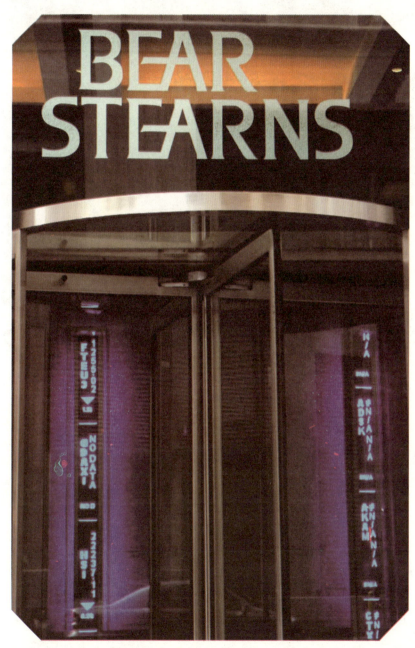

诸如贝尔斯登这样的投资公司，银行终止与它们的业务往来，也不再为它们提供贷款，最终导致了它们的破产。

第6章

汇丰银行（HSBC）伦敦总部

危机延至全球

　　汇丰银行是世界最大的银行之一，该银行总部位于英国伦敦，截至 2010 年，它在世界 87 个国家和地区设有办事处。由于汇丰银行对抵押贷款证券的投资巨大，该银行在 2007 年 2 月 7 日宣布其损失已超过 105 亿美元，在金融界引起轩然大波。银行、养老基金公司、对冲基金公司以及其他企业意识到自己也可能会面临巨大损失，因为它们或是对抵押贷款证券进行了直接投资，或是它们投资的公司因抵押证券损失惨重。

2008年雷曼兄弟破产时，仍有银行冒着再度损失的危险对抵押贷款证券进行了投资。此次，英格兰银行不得不对英国好几家银行进行紧急金融援助，其中包括为北岩银行提供的500亿美元的资金。

其后果与美国如出一辙：裁员、信贷紧缩以及投资者损失惨重。然而雪上加霜的是，和美国一样的经济衰退也开始在欧洲蔓延开来。消费需求和收入水平的下降导致更多人失业、消费需求更少。

德国、英国、法国和意大利是欧洲的四大经济强国，这四大经济体的GDP增长均见缓。西班牙也遭遇了和美国一样的房地产泡沫，并且在2008年彻底瓦解。

经济衰退的影响波及了所有欧洲国家、日本以及中国，但是对泰国等东南亚国家的影响较小。德、英、法、意四大经济强国，加上冰岛、希腊、葡萄牙和西班牙诸国的种种迹象表明了金融危机已从美国扩散到了全球，到了2010

年更是愈演愈烈。

▶ 冰岛

冰岛是距离格陵兰海岸不远的小国，人口不足 40 万。由于冰岛自然资源不足，该国经济严重依赖渔业。其热能和电能主要来自地热和水电能源，因为这里有很多活火山、间歇泉、河流和瀑布。

但是冰岛由于人口不足，没有可以生产出口产品的大量劳动力资源，也没有可以向其他国家出售的自然资源，它不能采取其他国家的模式来发展经济。20 世纪 90 年代，当冰岛的银行解除管制时，这一现状发生了改变。

◎ 经济何时增长 ◎

在经济危机逆转时期，冰岛的经济开始增长，GDP 却没有。越来越多的个人、企业和银行进行更大额的贷款，这增加了整个国家的债务并最终导致了通货膨胀。但是冰岛捕鱼量没有增加，没有产生更多的能源，也没有发现更多的自然资源。所以当投资者意识到冰岛的债务远超过其所能创造的价值时，他们便会停止贷款给冰岛，并且不再购买克朗。

此前，冰岛三大主要银行归政府所有，国家控制着国民经济的方方面面。解除对银行的管制意在帮助经济发展，但是由于人口不足难以维持发展，所以先前才会对银行进行管制。

现如今，冰岛的主要银行均已私有化。它们可以并能够吸收国外存款，如此一来，银行就可以利用这些存款进行放贷和投资。三大主要银行以及与它们合作的投资银行开始对其他国家的企业进行投资。为了鼓励国外客户将钱存入冰岛的银行，它们还开始提高利率。

2008 年，随着美国抵押贷款证券市场（MBS）的瓦解，世界经济形势已变得很不稳定。而后冰岛的货币——克朗开始贬值，由于美国经济危机而造成的信贷紧缩的状态意味着冰岛的银行可以进行的贷款更少了。到了 9 月，冰岛金融监管局（Icelandic Financial Supervisory Authority）

◎**经济复苏**◎

2008 年 11 月，冰岛最终从国际货币基金组织、波兰、俄罗斯、法罗群岛、荷兰和英国等处共筹得近 100 亿美元的贷款以及其他财政帮助。2010 年末，尽管冰岛的失业率仍有 7.6%，但其货币克朗开始升值。2011 年初，国际货币基金组织宣布冰岛经济开始复苏。

最终决定接管国家三大银行之一的格利特尼尔（Glitnir）银行。该银行的国外储户，主要是英国客户，开始要求取回存款。冰岛的另外两家大银行，国民银行（Landsbanki）和考普森（Kaupthing）银行，也面临同样的处境，因此英国政府冻结了考普森银行在英国境内的资产以防冰岛的银行破产。冰岛银行的崩溃使得其他国家的银行相继受损，甚至扩大了金融危机在全球传播的范围。最后，冰岛政府只能对所有冰岛银行的存款进行担保，以恢复市场信心。

◎欧洲主权债务危机◎

截至 2010 年底，全球金融危机几乎遍及全球。这场始于美国、扩散到欧洲的危机扬言，它将会以主权债务危机的形式再次回到美国。

欧盟和国际货币基金组织携手对希腊和冰岛施以援手。希腊政府背负着巨额债务，爱尔兰的银行也同样如此。尽管紧急金融援助让这两个国家都免于瓦解，但是它们的国家收入仅能用于偿清债务而无法为市民服务，这是一个不争的事实。两国均宣布大幅削减预算以支付外债。

谣传，爱尔兰和希腊将有可能与国外债权人进行重新谈判。这就意味着债权人将面临损失，就像当初美国投资银行的巨额损失所导致的全球客户的流失。

而葡萄牙和西班牙两国也深陷债务之中。即使是在二者经济增速均放缓、西班牙还遭遇房地产市场的崩溃的情况下，它们仍然以 7% 或更高的利率来吸引国外资本。

▶希腊

随着国际货币基金组织（International Monetary Fund，简称为"IMF"）向希腊、乌克兰和爱尔兰提供贷款援助，2010 年初起金融市场开始趋于稳定。利用这笔贷款，这些国家稳定了货币，与债权人达成了协商，并在一些项目中对经济进行了整顿。但是之后，希腊又成为新一轮的动荡甚至恐慌的开始。

希腊是欧盟 27 个成员国之一。自 1999 年起，

负债累累的希腊对预算进行了削减，引发静坐示威、骚乱等一系列暴力反抗活动。

欧盟成员国开始使用欧元作为统一的货币，并遵循共同的贸易和金融政策。在一段时期内，世界金融市场认为欧元的价值超过其他的货币，甚至美元。由于欧元币值高，欧盟区的利率很低——货币较低的国家只能通过高利率来鼓励投资者去购买或持有它们的货币。

较低的利率使得希腊大肆举债，截至2009年新政府选举，希腊已经面临大额的财政赤字。但是令希腊新首相沮丧的是，他发现实际的财政赤字远远超过刚退下的上届政府承认的数额。希腊在经济"大衰退"期间遭受重创，同时，旅游业增长缓慢严重地制约了希腊经济发展的速度。为抵

◎接受紧急金融援助后的希腊◎

2010 年 12 月 15 日，为了抗议政府为解决外债而强行实施的工资削减，工会工人几乎让整个国家停止运转。空中管制员、公交车司机、银行工作人员、医生、教师和其他公职人员共 2 万人，进行了长达 24 小时的罢工。

消这些不利的发展，希腊政府通过出售国债从海外借入大量资本来刺激经济活动。希腊的实际债务几乎是人们所认为的四倍。

这一消息令投资者震惊，他们开始向希腊要求比他们贷款给该国时更高的利率。由于利率增加，更多的投资者担心希腊是否能将他们的钱还给他们。希腊政府采取更严格的预算削减以维持偿债能力，当这些削减宣布时，市民们在大街上发起了游行抗议。最后，在 2010 年 5 月份，欧盟中央银行实施了一项共计 9 750 亿美元的一揽子救援计划帮助希腊和问题较小的其他欧洲国家，如葡萄牙和西班牙。

但是，分析家警告说该援助计划并不能解决问题，只是给这些国家一些时间来解决问题。这些国家只能对经济进行重组并找出不用贷款就能使 GDP 强大起来的方法。"债务尚存在于金融体系中，"法国巴黎银行在比利时布鲁塞尔的富通全球市场调研部主管飞利浦·吉赛尔（Philippe Gijsels）表示，"所有这些问题最终都将会再次出现。"

2010 年 9 月 29 日，葡萄牙里斯本抗议失业的游行示威。

第7章

2008年10月3日，小布什总统签署了《紧急经济稳定法案》。

美国的紧急金融援助

2008年底，美国财政部长亨利·保尔森宣布对全美银行进行一项7 000亿美元的援助计划。该援助目的有三：1.防止银行破产；2.鼓励银行再度放贷；3.再次向全世界保证美国正采取措施应对危机。

2008 年 11 月中旬完成共计 2 500 亿美元的第一轮融资。作为"不良资产救助计划"的部分资金，此轮融资帮助稳定了全国最大的银行和保险公司以及部分规模较小的此类企业。虽然该计划在某种程度上实现了预期目标，但是美国经济仍明显处于困境之中。

▶ 汽车行业的挣扎

通用汽车（GM）、福特（Ford）和克莱斯勒（Chrysler）是美国三大汽车制造商，它们曾经是全球汽车制造业的三大巨头。

"大衰退"开始蔓延时，三大公司已经陷入了困境。危机刚刚开始时，三家汽车制造商就都遭到了经济损失，但是此时它们无法借到维持运营所需的贷款。三巨头纷纷宣布了减产和裁员。福特公司称它们会在 2008 年 5 月份裁掉一批员工，人数不定；克莱斯勒宣布 10 月份会削减 5 000 个工作岗位；通用汽车在 11 月末宣称将在 2009 年初辞退掉 2 000 名员工，在同一公告中，通用汽车称其三季度损失达 42 亿美元，资金即将出现短缺。

三巨头向政府请求援助。联邦政府援助亏损银行时是直接提供现金，但是汽车制造业的情况与银行不同，三巨头的执行总裁致电华盛顿请求将他们的提议递交国会。国会议员就如何处置金融救援资金以及何时再盈利进行了彻底的查问，许多共和党议员甚至在听取他们叙述之前就已表明不愿意用纳税人的钱来帮助汽车制造商。其他议员，特别是田纳西州参议员鲍勃·考克（Bob Corker）称除非这些汽车制造公司降低薪酬和奖励，否则他们不会同意拨款援助。

最终，参议院的共和党人提出以投票的方式决定是否落实三巨头的提案。立法会期结束后，三巨头没有得到任何帮助。

◎三巨头的困境◎

20世纪70年代起，石油价格急剧上涨，美国汽车行业三巨头面临着与海外汽车制造商，特别是丰田、尼桑和本田的更为激烈的角逐。海外汽车制造商在节能方面超过美国，美国汽车制造商的生产效率也落后于竞争对手。

20世纪90年代，美国消费者大量购买SUV使得三巨头开始复苏。然而到了90年代末，石油价格再次上涨意味着燃油价格更高，节能型汽车再次受到关注。但是三巨头已经重组了大量的工厂生产耗油的大型SUV。

20世纪80年代至90年代，丰田、尼桑和本田的汽车比美国三巨头的汽车性能更可靠、制造更精良。美国汽车制造商最终开始生产品质更高的汽车，并且在一些品质调查中超越日本汽车制造商，但是公众仍然认为亚洲汽车优于美国汽车。

最后，三巨头的劳动成本也高于竞争对手。这是因为他们的工人都组织了自己的工会，美国汽车制造商支付的薪酬高于海外制造商，同时还有海外竞争者所没有的医疗福利的支出。

但是小布什总统于 2008 年 12 月 19 日决定从"不良资产救助计划"剩余的 3 500 亿美元中拿出 134 亿美元帮助通用汽车和克莱斯勒。福特则计划在没有政府援助的情况下继续运营。

▶紧急金融援助该惠及人人吗？

美联储几乎以零利率为全球各地的企业和银行提供数万亿美元的贷款。通用电气（General Electric）、哈雷摩托（Harley-Davidson）、日本丰田（Toyota）、花旗集团（Citigroup）、瑞士联合银行（United Bank of Switzerland）和英国巴克莱（Barclays）银行获得了贷款。甚至连法国的巴黎银行、德国的德意志银行以及巴达维亚和巴林岛（Bahrain）的银行也都得到了帮助。

2010 年年底之前，大多数人都不知道这些贷款援助。但是他们知道美联储为美国的银行、投资公司以及汽车制造商提供

◎不能倒下的大树◎

尽管援助计划备受争议，但是政治家和经济学家却常常为其申辩，因为寻求资金帮助的公司都是"不能倒下的大树"。援助计划支持者指出银行拥有成千上万甚至上百万客户的存款，而又有成千上万甚至上百万人服务于汽车企业，它们的破产将会带来灾难性影响。更为严重的是，为这些企业提供产品和服务的其他公司也会遭受损失。例如，许多为克莱斯勒提供零部件和原料的供应商，如果克莱斯勒倒闭，那么不仅它的所有员工会失去工作，其供应商也会失去一个大客户。没有了生意，那些公司也有可能破产，导致更多的失业者和更少的消费需求。

深受债务和裁员影响的大汽车公司寻求政府的紧急金融援助

了资金援助，他们还知道紧急金融援助金并没有惠及美国的平民百姓，2010 年前后，美联储贷款项目公开前后都引起了民众的震怒。"我们帮助这些家伙摆脱困境，但是对他们提出的要求对于美国的平民百姓没有多少积极影响。"佛蒙特州独立参议员伯尼·桑德斯（Bernie Sanders）如是说。

尽管议员请求联邦政府帮助房主留住房产，《紧急经济稳定法案》并没有制定太多可以帮助个体房主的条款。财政部长亨利·保尔森承受着来自国会的抗议，批评他本可以采取更多的措施帮助房主。"该法案的首要目的是保护金融体系，使其免于崩溃。"他在一场众议院金融服务委员会（House Financial Services Committee）的听证会上这样说，"救助计划不是经济刺激或经济复苏的一揽子解决方案。"

虽然"不良资产救助计划"原本是政府从银行手中购买不良抵押贷款证券的一项计划，但是这笔资金却直接进入了银行囊中。在许多情况下，银行用这笔资金来填补贷款损失而不是用于借贷或修正它们所持有的抵押贷款来帮助房主维持还款。

在 2009 年 2 月 10 日，作为《2009 年金融稳定法案》（2009 Financial Stability Act）的一部分，奥巴马政府最终创建了"住宅可偿付调整计划"（Home Affordable Modification Program，简称为"HAMP"）。有拖欠风险的贷款人以及在 2009 年 1 月 1 日之前产生抵押贷款的贷款人，可以获得通过修改抵押贷款的帮助来避免抵押品赎回权的丧失。该计划意在帮助 300~400 万房主，但是截至 2010 年 12 月，它仅完成了大约 52 万起抵押贷款修正，使他们免于

◎**帮助企业摆脱困境**◎

20 世纪末，美国政府开始了其现在还备受争议的援助活动。不同于"大萧条"时期政府采取的提供就业和刺激全盘经济的措施，20 世纪末的援助计划帮助的是个体公司。第一个受援助案例是 1971 年的洛克希德·马丁（Lockheed Martin），它获得了 2.5 亿美元的贷款。

认为公司应为自己的错误付出代价的人经常批判这类援助，批评家称政府帮助公司脱困，破坏了资本主义的竞争精神。"当一个经济部门妄图获得政府的援助时，它就失去了对财务的无力偿付应有的担心。"巴里·里萨兹写道。

抵押品赎回权的丧失。

包括理财师巴里·里萨兹（Barry Ritholtz）在内的众多评论员都认为危机以错误的方式进行了处理。巴里·里萨兹说："进入 21 世纪以来，人脉丰富的富裕人群的利益在经济繁荣时期很好地获得利润和分红，但是也在某种程度上帮助他们摆脱了对自己所做决定应承担的风险以及对公共纳税人所造成的影响。'利润私有化和损失社会化'并不是资本主义应该有的。"

美国总统巴拉克·奥巴马在地产市场遭受重创的讨论现场

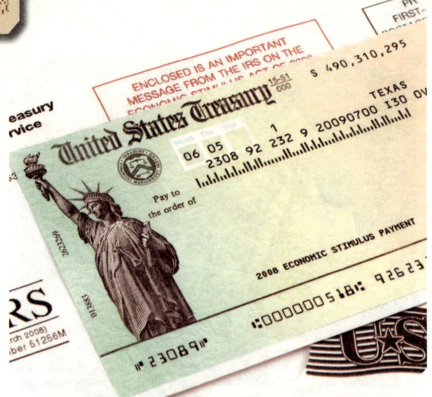

第8章

作为经济刺激法案的一部分，税务减免让有余钱的人们开始刺激美国经济。

经济刺激法案

"大萧条"期间，联邦政府使出浑身解数刺激经济。例如，富兰克林·德拉诺·罗斯福（Franklin D. Roosevelt）当政期间，政府给新成立的一批机构拨款。这些机构让成千上万的失业人员（主要为男性）去从事建造桥梁、对抗森林火灾等各种有利于改善美国基础设施的工作。2009年的《美国复苏与再投资法案》（American Recovery and Reinvestment Act，简称为"ARRA"）也采纳了同样的想法。

2009年2月13日，《美国复苏与再投资法案》以244∶188和61∶37的得票率分别通过国会众议院和参议院的投票，通过了为人所知的经济刺激法案，意欲刺激美国的经济。

这一法案的拥护者相信，美国经济要想再次启动，就必须鼓励人们再次消费。但是奥巴马政府与国会中的其他支持者希望这一法案能够有更加长远的功用，因此，该法案还同时包含了减税政策、教育和医疗基金、增加失业保障以及现有建筑在节能方面的新结构和新改善方面的基金。

批评家指出"罗斯福新政"留下了法院大楼、公园、林肯隧道、大古力水坝这些标志性建筑，"奥巴马新政"将会为后人留下污水处理厂、重新铺设的道路、公交车修缮以及没有裂隙的玻璃窗这一批惠民工程……然而"变通"才是奥巴马新政留存后世的主要遗产。经济刺激法案在奥巴马总统就职一个月后通过，但是他签字生效的这一法案可能即将重塑美国以及美国政府。

——摘自迈克尔·格伦沃尔德（Michael Grunwald）发表于《时代》杂志上的《经济刺激法案如何改变美国》，讲述经济刺激法案对美国的影响

▶ 该法案如何运作

该法案为经济复苏准备了 7 870 亿美元的资金。其中一部分将分配给 28 个联邦机构，以个种 赠予或借与企业、学校周边地区、州、 其他接受单位的形式派出。

减免 2 880 亿美元的税金是该法案的一工 中包括给企业的捐税鼓励，例如，对使用可再生能源的企业给予免税延长。它还包括对个人税收抵免，例如，对于在 2009 年和 2010 年工作的纳税人，根据劳动报酬税减免政策将返还 400 美元的税金。纳税人还有其他减税的机会，如抵免所得税以及子女税。

我们让美国人工作，在那些对于美国来说搁置已久的关键性领域。我们正在重新塑造美国的景观。
——美国总统奥巴马对《2009 美国复苏与再投资法案》的评价

所得税抵免早前已经开始使用，而法案帮助有三人以上子女的纳税人减免税金，最高可达 5 656 美元。子女税抵免政策虽然之前已经存在，但是该法案对它进行了修改，让更多的纳税人能够享用，并且增加了他们获得减免的额度。

该法案将另 2 750 亿资金用于合约、赠予和贷款。联

金融危机后，很多人生活窘迫。2009 年 2 月，美国俄亥俄州的威尔明顿，人们排队等待领取一盒某救济组织的免费食品。

邦政府会用部分资金招募建筑设计师，例如让联邦政府的建筑更节能高效，还会借款给中小型企业，帮助它们稳定并成长，同时还会赠予相关机构或政府部门用于基础建设的改善。例如，《美国复苏与再投资法案》的一项赠予就包括了为美国运输安全管理局提供 10 亿美元用于机场行李扫描与爆炸物探测设备。

最后，该法案还有 2 240 亿美元用于各项权益的改善，包括失业保障的延长。通常不因为自己过失而造成失业的工人可以领到 26 周的失业保障，这就意味着政府每周将会按照他们原有的薪水水平提供部分救助金，但仅限 26 周以内。但是有了这项经济刺激法案，工人们还能再领到 14 周的失业救济。在全美失业率超过 8.5% 的地区，失业人员还能领到额外 20 周到 33 周的失业保障。

◎第二轮经济刺激◎

共和党人称经济刺激不是解决经济危机的正确途径，批评家又在另一方面指出《美国复苏与再投资法案》并没有充分刺激到经济。

在这十年接近尾声时，一些评论家声称第一轮经济刺激以失败告终，美国有待第二轮经济刺激。但是奥巴马政府表示新的经济刺激法案并不在考虑之中，而与共和党人正在磋商的减税政策可能将会成为某些人所谓的第二轮经济刺激。

2010 年年末的最后几个星期，民主党与共和党在立法会会期中展开争论，关于是否延长布什政府时期所颁布的减税法案。民主党人认为减税政策应当宣告失效，但大多数共和党人表示减税政策的失效就意味着征税的增加。

两党在 2010 年 12 月 7 日达成协议。双方做出妥协，延长政策中美国富人减税的时效，同时削减房产税。虽然延长减税让很多民主党支持者怒不可遏，但是共和党也相应地同意再度延长失业保障。他们还同意减免大学学费、削减工资税和工商税。

▶公众舆论

该法案通过前遭到了外界大量的批判，一些人认为它采取了错误的策略。很多经济学家联名签署了一项声明发布在 2009 年 1 月 28 日的《纽约时报》和《华盛顿邮报》上，称该经济刺激法案是错误的。他们认为，政府的这笔开支将不会改善经济，降低税率才是更好的办法。

但是像保罗·克鲁格

曼这样的经济学家相信，这是一项正确的主张，却不是长远之计。"要填平一个差距超过 2 万亿美元的空当……巴拉克·奥巴马先生只拿出一项 7 750 亿美元的计划，这是远远不够的。"他在《纽约时报》的专栏中这样写道。

克鲁格曼和其他经济学家认为，要想让这项经济刺激法案奏效，不一定需要花费更多的资金，却需要将更多的资金投入到公共支出而非税收的减免上。该法案通过前，许多共和党官员极力地反对。最终，法案通过时，众议院中的共和党人无一人投票，而参议院中也仅有三人投票。后来却有很多共和党人为自己所在的州申请该法案所提供的资金，引发了民主党对其伪善的声讨。

▶ 经济刺激法案的产物

2009 年四季度，美国国会预算办公室

我们的国家需要的不是一项花钱的法案，更加不需要一个会给我们的下一代带来巨额债务的法案。我们需要的是一个短期内可以刺激经济的法案，它能够直接帮助人们，创造就业，带动经济发展。

——约翰·麦凯恩（John McCain），批判经济刺激法案的共和党参议员估计，经济刺激法案创造了 210 万个就业岗位，使失业率下降了 2.1 个百分点。法案支持者称此类数据表明《美国复苏与再投资法案》成功奏效，但其他人指出在不知道经济刺激法案前的岗位数量以及财政赤字加重的情况下，这项法案并不具有长远的价值。

伴随着新的十年的开始，《美国复苏与再投资法案》的资金将会继续流向新的基础建设项目。但是失业率仍然居高不下，并且有分析家预计它甚至有可能继续走高。经济刺激法案使得经济形势免于恶化，却没有从根本上解决问题。

全球经济学家保罗·克鲁格曼

由于大批公司破产、普遍裁员，失业公民数字庞大。

金融危机的产物

　　2008 年 9 月 15 日，共和党总统候选人约翰·麦凯恩在讲话中说："我们的经济基础非常牢固。"积极的措辞是总统候选人角逐国家最高职位时常用的手段，但在同一天雷曼兄弟破产。同时，美联储前主席格林斯潘已经将眼下的情况描述为"百年一遇的金融危机"。同一周周末，麦凯恩才开始将其称为"危机"。

经济问题是总统竞选中最显著的问题之一。2008 年 11 月 4 日，巴拉克·奥巴马当选为美国总统，奥巴马称，解决当前经济形势所面临的问题是他当前的要务。民主党背景的奥巴马政府获得众议院和参议院的多数支持，通过了医疗改革法案和经济刺激法案，这两者都旨在帮助美国经济。

但是截至 2010 年 11 月，美国的失业率仍居高不下。经济刺激法案确实产生了一些成效，许多经济学家相信正是因为它这场危机才不至于恶化。但是选民仍然认为共和党人优势大于民主党，因为共和党在众议院中拥有席位超过 60 个，在参议院中也占据了 6 个席位。民意调查显示，在 11 月的投票选举中，这场危机是他们最为关心的问题之一。在其他国家，这场危机也影响到了选举的结果。

在过去的两年中，我们已经取得了进展。但显然，很多美国人尚未感受到这一进展。这是昨天我从他们那里听到的。

——美国总统巴拉克·奥巴马在 2010 国会中期选举上的发言，时值民主党丧失参议院和众议院中的多数席位

▶ 投票

2010 年 4 月 14 日，英国首相戈登·布朗（Gordon Brown）称自己在应对金融危机时失误了，布朗解释英国银行本应接受更加紧密的管制并承诺未来加强这方面的管理。但是 5 月 12 日，布朗辞去首相一职，他所在的工党也顿时失势。现在是由自由党和保守党联盟当权，作为新任首相的保守党人士戴维·卡梅伦（David Cameron），承诺要减少英国财政预算的赤字。

尽管所有焦点都是关于财政紧缩的撤销、延缓和其他更轻松的选择，我们仍将坚持这一举措。因为我们采取的是令英国经济脱离险境、继续增长的强硬措施。

——英国首相戴维·卡梅伦关于继续保持财政紧缩的讲话

而在爱尔兰，绿党要求举行新一轮选举，暂定于 2011 年 4 月，这一要求正值当前政府制定来年国家预算之时。英国政府向国际货币基金组织申请紧急金融援助，考虑对爱尔兰采取增加税收、削减社会福利计划的措施来应对即将来临的危机，但已经招致各种批评之声。

在西班牙，2012 年将举行全国选举，但是一关键地区已经在 2010 年的 11 月举行了选举，在加泰罗尼亚地区（Catalonia）执政达 7 年之久的工人社会党丧失了这一地区议会的席位。失业率仍然徘徊在 20% 左右，称西班牙可能会向国际货币基金组织请求紧急金融援助的流言又起。这次地方选举表明，西班牙首相何塞·路易斯·罗德里格斯·萨巴德洛（Jose Luis Rodriguez Zapatero）和他的工人社会党可能在即将到来的大选中惨遭失利。

▶ 银行业重整

实施"不良资产救助计划"后，很多银行快速偿还了所借资金，但是银行仍然是众矢之的。"不良资产救助计划"帮助银行解决了资产负债表上的不良资产，使得它们能够再次开始借贷。2009 年底，尽管失业率已攀升至 10.2%，但是很多接受"不良资产救助计划"资助的银行开始再度盈利。

2010 年，银行和其他抵押放贷人遭到了更为苛刻的批评，一项遍及全美 50 个州的调查显示，很多放贷人的抵押贷款文件漏洞百出。市场繁荣时，放贷机构急于借出资本，于是就出现了文件伪造或缺失的情况。2010 年的报告指出，有些屋主原本不应该丧失抵押品赎回权，却因为银行的失误丢了房子。

截至 2010 年，很多接受"不良资产救助计划"资助的银行和公司已经将这笔资金偿清。2010 年 12 月 16 日，国会预算办公室称，纳税人将很有可能损失"不良资产救助计划"所安排的 7 000 亿美元中的 250 亿美元。但大部分损失不会来自银行，相反，这些损失主要来自那笔用来帮助那些将抵押和基金投放在汽车工业和美国国际集团的房主的预留资金。新上任的财政部长蒂莫西·盖特纳个人表示，这笔损失将不会超过 250 亿美元。政府将出售的花旗银行的优先股和权证可能将转损为盈，但盈利不多。

◎ 一项住宅统计 ◎

2011 年初，市场上有近 2 100 万套丧失抵押品赎回权、均价 16.6 万美元的住宅。2011 年 2 月，加利福尼亚州有 56 229 套住宅处于抵押品赎回权丧失的困境中。而佛罗里达州则为 18 760 套，密歇根州为 14 003 套。

▶ 汽车制造业的恢复

2011 年 1 月，汽车制造业三巨头宣称 2010 年汽车销量较之 2009 年增长了 11 个百分点。通用汽车和克莱斯勒公司破产重组后，三巨头在 2008 年和 2009 年接受政府 600

亿美元的紧急金融援助后关闭了工厂。这时反而是规模较小、成本较低的公司状况更好。

不过，三巨头的销售业绩部分见好，因为他们最大的竞争对手丰田汽车在2010年遭遇了"召回门事件"。尽管汽车制造业有所恢复，但是33.4万人经历失业后，仅有55 000名员工再度上岗，金融危机期间关闭的工厂仍然处于歇业状态。虽然各大公司已不再处于危机之中，但是要再度强大仍然还需漫漫长路。例如，虽然通用汽车公司已经偿清财政部的借款，但是

◎国家赤字◎

随着失业率上升，税收下降，经济被一片混沌笼罩，美国中央政府也往往举步维艰。2009年，美国有29个州政府的财政预算出现赤字。2010年，46个州面临这一困境。"美国预算和政策优先事项中心"(Center for Budget and Policy Priorities，简称为"CBPP")表示：国家税收相比经济衰退开始前下降了11个百分点。全美2010年亏空1 910亿美元，占财政预算的29%。

《美国复苏与再投资法案》包括了一些对中央政府的帮助。该法案为中央政府和州政府预留了1 400亿美元的资金用于应对财政问题。但是预算和政策优先事项中心注意到，这笔资金仅为2011年剩余600亿美元，而2012年则只有60亿美元。预算和政策优先事项中心还表示，州政府在2009年、2010年以及2011年亏空的国家预算超过4 300亿美元。

全美各级政府对此的回应都采取了大幅削减预算，或是减少支出项目，或大幅削减资金。他们还提高财产税用以弥补亏空。

有些地方政府甚至还对交通意外受害人征收紧急响应服务费，引发了人们的非议。在萨莱纳州和堪萨斯州等一些从2008年起收取交通事故出勤费的地方，消防部门又开始对该地的呼叫服务进行收费。

后者因承担了前者的破产债务而持有大量通用股权。在没有再度盈利的情况下，通用汽车公司不能够擅自发行股票筹资。2010 年 11 月，通用汽车再次开始发行股票。

汽车制造商在产量和效率方面都取得了长足的进步，但有分析人士提醒，如果油价增长迅速的话，汽车制造行业就会再次面临瘫痪。

▶房产市场依然疲软

十年将尽，抵押品赎回权丧失的情况仍在继续。有 1 100 多万房主当前的房产价值低于原有价值，新屋和成屋的销售额在 2010 年年底下滑。一些分析人士认为房价会在不远的将来下跌 8 个百分点，这是因为，据估计银行可能会让 800 万套住宅因丧失抵押品赎回权而撤离市场，而未来几年内将会有 1 200 万套住宅进入市场。大量的住宅供应，房价势必会走低。

底特律一房主以一万美元的惊人价格出售自己的家，以期拿到现金。

第10章

2010 年开始陆续出现经济衰退已经结束的报道，但是民众依然有危机的紧绷感，并且正在应对各种影响。

经济衰退结束，现在该做什么

2010 年 9 月 20 日，美国国家经济研究局 (NBER) 宣布经济衰退于 2009 年 6 月结束。虽然美国的经济形势不再处于衰退状态，但是 21 世纪第二个十年伊始，危机还在继续。

2010 年年底，美国失业人数接近 10%，经济学家认为这一数字还会上升。全世界范围内，很多国家仍处于失业率和物价双高的状态。2010年年底至2011年年初，阿尔及利亚一连好几个星期都在应付因为这两大问题而引起的暴乱。

一些国家显示出复苏迹象。世界银行预测，俄罗斯和中国等国家将会在未来10年内表现出增长态势，但同时也提醒，通胀可能打断这一增长。其中欧盟与美国增长平缓，但是像印度、印度尼西亚和埃及这样的发展中国家会有强劲的增长势头。

然而，很多国家都不确定金融危机如何才能最终得以解决。欧洲仍然在挣扎，更多的紧急金融援助跃跃欲出。希腊和爱尔兰在宣称紧急金融援助已无必要之后的数周，又再度接受了紧急金融援助。2011

◎美国国家经济研究局(NBER)◎

美国国家经济研究局是一个研究经济运行的非营利组织，它将经济活动持续数月（连续两个季度）呈下降趋势的时期界定为"衰退"。由于2009年6月，GDP、失业率、零售额以及其他经济指标俱表现出增势，所以美国国家经济研究局宣布了经济衰退的结束。美国国家经济研究局在同年9月的报告中称："此次衰退持续了18个月之久，使其成为二战后美国经济衰退时间最长的一次。"

年开始盛传西班牙和葡萄牙将会是下一批接受紧急金融援助的国家。

至于美国，这个因其房产市场的崩溃以及负债累累的经济而造成这场危机的国家，仍然存在严重的问题。人们不禁要问，如果金融业太过庞大以至于无法进行真正的银行业改革的话，那么对于日益增长的医疗开支，应该采取怎样的措施。许多人担心充分就业还有多远，其他人则在想，过渡到绿色经济是否有利于国家恢复健康的经济状态。无法回答这些问题的话，美国就无法立于世界经济之林。

▶进退两难的医疗改革

美国总统奥巴马于 2009 年 1 月走马上任时曾宣布，新一届政府将会致力于解决

◎世界银行◎

世界银行成立于 1944 年，总部设在美国的华盛顿特区。它并不是真正的银行，而是为发展中国家提供低息贷款和其他财政援助的机构，使其能够在教育、农业和其他重要方面有所投入。在世界银行中，国际复兴开发银行（International Bank for Reconstruction and Development）为发展中国家提供贷款，给予大型项目政策支持，而国际金融合作组织（International Finance Corporation），则为私营企业提供贷款。

鉴于动荡的经济环境，许多美国人对美国总统奥巴马的医疗改革予以谨慎回应。

金融危机。他还说道，调整医疗体系是整顿美国经济的重要组成部分。2009年3月23日，经过漫长而艰难的争辩，总统终于为医疗改革立法。《病患保护与平价医疗法案》（Patient Protection and Affordable Care Act）被寄予厚望，能够在医疗业鲜有作为的领域一展身手，同时控制医疗支出的快速增长。

但是到了2010年，共和党人在国会中期选举中占据了众议院多数席位，并严厉要求废除医疗改革法案。他们是否能够行使废除的权力，显然，这是医改新法中尚未解决的一项争议。

▶ 绿色经济

《美国复苏与再投资法案》是用以解决经济危机开始之前引发失业、薪酬缩水和内需低迷所造成的结构性问题。这一法案中的一项努力就是帮助创造有利环境的绿色经济，这项法律规定了用于翻新更加节能的建筑的资金，建造风力涡轮机和太阳能板的资金，还设立了激励机制鼓励个人和企业减少对石油的依赖，变得更节能环保。

但是减少美国对石油的依赖所得的利益并不能从根本上扭转其经济形势。两大政党的代表就投资公共交通和铁路项目，还是投资传统的高速公路，以及能否为国家的能源需求找到石油替代品等问题争论不休。

▶ 失业

裁员在美国遭遇经济"大衰退"之前便已是司空见惯

的现象。裁员常常发生在企业决定雇用海外劳工的情况下，例如在印度或泰国这样的国家，因为那里的工人薪酬较低。政治家和学者批评这种离岸外包的做法，他们认为企业的这种行径是对本国经济、政治的瓦解。但企业反驳说，为了在保持盈利的同时抗衡海外公司，他们不得不降低人工成本。这一现象出现在制造、通信等众多行业中，意味着，即使美国经济从"大衰退"中恢复过来，也仍有数以百万的人员失业，工作岗位不是人人都有，而且在未来几年内可能都会如此。在高失业时期，薪酬水平也会走低。"当人们为饭碗担忧时，他们不敢奢求高起薪或加薪。"汤姆·戈尔曼（Tom Gorman）在他的《经济"大衰退"：完全傻瓜指南》一书中写道，"因此，

◎紧随危机之后：法律诉讼◎

2010年12月21日，纽约检察官正式对安永会计师事务所提起诉讼。该诉讼称，安永的会计师帮助雷曼兄弟对投资人和监管人隐瞒了公司真实的财务状况。这起案件不禁让人想起2002年安然公司的案例，当时安达信会计师事务所（Arthur Andersen）的审计人员帮助安然公司隐瞒了摇摇欲坠的财务状况。

2008年，次贷危机已经在美国引发了一轮诉讼风波。伴随着危机步入21世纪第二个十年，无论发生什么其他事情，因此次危机而造成的诉讼都有可能会持续多年。

高失业率甚至对在职人员也是一种伤害。"

但是新工作从何而来，人们不得而知。消费者尽可能地省钱偿还债务，这样的消费状况不能促进新的增长，也就意味着企业不可能雇用新的员工。

▶ 金融改革

2010 年 7 月 21 日，国会通过了《多德－弗兰克华尔街改革和消费者保护法案》(Dodd-Frank Wall Street Reform and Consumer Protection

◎全球银行业改革◎

当全球金融危机来袭，显然一国银行的举措可能波及他国银行，有时候会带来致命的后果。2010 年 10 月，巴塞尔银行监管委员会(Basel Committee on Banking Supervision，简称为"巴塞尔银监会")公布了新的标准以应对金融危机。

自 1974 年以来，巴塞尔银监会一直致力于为银行业制定新的标准和方针，然而这些标准和方针却没有得到有力的贯彻。相反，巴塞尔银监会创建了它们之后，各国都能够找到在本国自行执行的方法。主要发达国家的银行在从事国际业务时遵循的是各自央行建立并实施的各项规定。

巴塞尔银监会是由成员国银行代表共同组成的。例如，美联储代表出席巴塞尔银监会会议时代表的是美国。其他 27 国成员还包括了墨西哥、加拿大、沙特阿拉伯、澳大利亚以及俄罗斯。

《2010 年标准》呼吁银行储备更多资本以应对经济形势的骤变，同时也倡导加强银行监管与公开披露。《多德－弗兰克华尔街改革和消费者保护法案》中就包含了大量这一标准中的想法。

Act）。新法案有许多条款，但主要意在防止那些已经导致经济"大衰退"的做法。它新建消费者金融保护署，规范金融产品，推广金融知识，以确保公平获得信贷的机会。同时它还对华尔街进行更为紧密的管理，并针对不能正确评定住房贷款支撑的证券和不良资产的评级机构提出了新的规范。

此法案解决了一些导致金融危机的因素，如衍生性金融商品、掠夺性贷款手段以及资金不足的银行。但是有批评指出，新法案并没有扫除金融行业最恶劣的行径。它没有像"大萧条"时期的《格拉斯－斯蒂格尔法案》那样将商业银行从投资银行中分离出来，它也没有对经理人报酬予以应有的强势管制。记者帕特里克·德莱尼（Patrick Delaney）在《明尼阿波利斯星论坛报》中写道：该法案是奥巴马政府与国会民主党人士零星拼凑的产物，是反对国会两院共和党人的固有手段，而不是双方真正提议的改革。

在几乎没有共和党人投票的情况下通过了这一法案，

这表明，在解决金融危机问题上两党意见不一，美国如何在未来避免出现这类危机，做出这一决定还有一段很长的道路。什么才是应对全球性金融危机的最佳方法，从政府首脑、企业高层到平民百姓，社会各界人士都各持己见。但可以肯定的是，危机已经损害了个人、企业、行业、城市以及国家的利益，避免此类状况在未来出现才是上策。

尽管经济衰退宣告结束，有分析人士也指出经济形势正在好转，但是稳定与就业仍然是多数人所需要的。

时间轴

1929 年	1933 年	1938 年
10 月 29 日，股市崩盘，"大萧条"开始。	美国国会通过《格拉斯 – 斯蒂格尔法案》以防"大萧条"再次发生。	美国国会成立"房利美"。

2007 年	2007 年	2008 年
美国次级抵押贷款市场开始瓦解。	2 月 7 日，英国汇丰银行宣布世人所知的第一批抵押证券亏损。	3 月 16 日，贝尔斯登投资公司出售给了美国银行。

1970 年	1999 年	2005—2006 年
美国国会创立"房地美"对抗"房利美"。	《格雷姆－里奇－比利雷法案》取代《格拉斯－斯蒂格尔法案》，成为解除管制的推动力之一。	美国房地产泡沫到达顶峰。

2008 年	2008 年	2008 年
6 月 11 日，印地麦克银行宣告破产。	9 月 14 日，雷曼兄弟公司破产，美国银行收购美林证券。	9 月，冰岛金融监管局接管挪威—冰岛银行。

2008 年	2008 年	2008 年

9 月 16 日，美国国际集团从美联储处拿到 850 亿贷款。

9 月 29 日，冰岛宣布丹麦—冰岛银行国有化计划。

10 月 3 日，美国总统小布什签署了一项 7 000 亿美元的紧急救援资金，其中包括了"不良资产救助计划"。

2009 年	2010 年	2010 年

3 月 23 日，《病患保护与平价医疗法案》写入法律，该法案旨在控制医疗开支的增长。

5 月 2 日，欧盟与国际货币基金组织援助希腊。

7 月 21 日，美国国会通过《多德－弗兰克华尔街改革和消费者保护法案》。

2008 年	**2008 年**	**2009 年**

　　10 月 8 日，英国政府冻结冰岛克伊普辛银行在英国资产。

　　12 月 19 日，"不良资产救助计划"基金公开对汽车工业救助。

　　2 月 13 日通过《美国复苏与再投资法案》。

2010 年	**2010 年**	**2011 年**

　　9 月 20 日，美国国家经济研究局称美国于 2009 年 6 月走出经济衰退。

　　10 月 29 日，欧盟援助冰岛。

　　1 月，美国汽车产业三巨头称 2010 年汽车销量超出 2009 年 11 个百分点。

重大事件

时间

始于 2007 年

地点

遍布全球，但开始于美国。

关键性人物

❖ 美国前总统乔治·W.布什

❖ 美国现任总统巴拉克·奥巴马

❖ 美联储前主席艾伦·格林斯潘

❖ 美联储现任主席本·伯南克

❖ 美国前财政部部长亨利·保尔森

❖ 美国现任财政部部长蒂莫西·盖特纳

重点事件

❖ 美国地产行业的长期繁荣使得数百亿美元的资本流向抵押贷款以及建立在此基础上的抵押证券投资。猎杀贷款让抵押贷款的结构复杂化，而美国房价的下跌导致一轮丧失抵押品赎回权的浪潮。

❖ 美国的银行以及世界各地的银行、养老基金、保险业以及其他企业都在这些抵押证券上砸入了重金。巨额损失导致失业、经济衰退，最终引发全球各国的动荡不安。

❖ 美国采取举措激活自身经济，而国际货币基金组织和欧盟则对冰岛、希腊、爱尔兰等国家施以援手。

❖ 截至 2010 年底世界经济才刚刚开始恢复。虽然最恶劣的危机已经过去，但是失业情况依然非常严峻，内需依然非常低迷，美国国内以及海外的房价将会在未来几年内持续走低。

引文

"我在这个行业摸爬滚打了 35 年，这些是我所见过的最异常的事件。"

——彼得·G.彼得森

私募公司黑石集团（Blackstone Group）联合创始人
发表于雷曼兄弟投资公司命运被决定的前一周

历史与社会

王天舒

今天的我们生活在一个信息爆炸的时代，纷繁芜杂的新鲜事物无时无刻不在挑逗着我们的神经，诱惑着我们的心灵。这是个"祛魅"的时代，一切都是透明的，已经没有神秘可言，万事万物终被科学和技术所解释。生活的车轮仿佛处在高速旋转中，瞬息万变。在这快节奏的行程里，你有多久没有完整地读完一本书？或许，阅读早已经成为一件近乎奢侈的事情。问题是如何让我们的生活慢下来呢？娱乐八卦、网络游戏、手机微信占据了我们的大部分时间，然而对于身处的社会和历史的过往你又了解多少呢？

捧起手中的书吧，离你最近的这本，带着最纯真的心情去阅读历史，去感知社会。

我们早已不是茹毛饮血的原始人，人类改造自然的脚步也已经走了很远：我们驯服了雷电、河川，把它们化作生活的能源；我们尝试着预知灾难的来袭，躲避自然给我们带来的威胁；我们利用一切可以利用的资源，开采矿山、改道河流、跨越大洋，甚至登陆月球，完成一项项社会壮举，继而也一件件地成为历史。

在大自然面前，我们有时扮演着征服者的角色，有时任凭人类如何强大，自然的力量却足以瞬间改变社会的发展。2004年的印度洋海啸使几百万人无家可归；2011年的日本大地震造成的经济损失高达3000多亿美元；每天都有珍贵的生物物种在我们身边消失，改变着社会的平衡。自然灾害永远是与社会对抗的，正如我们努力改造着自然。

在人类历史的进程中，我们却从不是角斗者。历史不是任人随意打扮的小姑娘，它是真实的，没有人可以左右或是改变，就像我们无法避免泰坦尼克号的沉没，那艘号称"永远不会沉没之船"却在第一次航行时就深沉于大西洋；我们也无法回避历史上惨烈的战争，即使大部分战争都是提前预设的。1941 年 12 月 7 日，日本偷袭了美国珍珠港，美国正式对日本宣战，太平洋战争爆发，1945 年美国将两颗原子弹投放到广岛和长崎，加速了日本的战败。历史是一面镜子，在社会前行的道路上，我们都不得不回头来正视它，继而才不会重复过去的错误。

即使是我们小心翼翼地铭记着历史给我们的经验和教训，却也并不意味着现代社会就能平稳地前行，当社会的发展速度超越了文明进程的脚步，社会问题就会出现。贫穷似乎从未从人类身旁远离，当我们为登上月球而欢呼时，无数家庭正在忍受着饥饿，挣扎在死亡线上；全球金融危机考验着无数为生活奔波的人；即使生活富足，也有越来越多的人受到心理疾病的困扰。

在飞速发展的今天，依然有太多的问题需要我们放慢脚步，回望历史，沉思社会。此套"青少年图书馆·历史与社会"系列，选取了影响人类发展的重大历史事件与社会问题：贫穷、心理疾病、自然灾害、生物多样性的消失、印度洋海啸、日本大地震、全球金融危机、泰坦尼克号沉没、珍珠港事件、登陆月球。也许这些事件和问题不是仅凭我们一己之力可以改变的，但青少年作为未来发展的力量，需要有这样一套能让你慢慢品读历史、触摸社会的书，在喧嚣浮华的世界里，多些思考与沉淀。